Analyse de l'œuvre

Par Delphine Leloup
et Johanna Biehler

La guerre de Troie n'aura pas lieu

de Jean Giraudoux

lePetitLittéraire.fr

Analyse de l'œuvre

Par Delphine Leloup
et Johanna Biehler

La guerre de Troie n'aura pas lieu

de Jean Giraudoux

Rendez-vous sur lepetitlitteraire.fr et découvrez :

Plus de 1200 analyses
Claires et synthétiques
Téléchargeables en 30 secondes
À imprimer chez soi

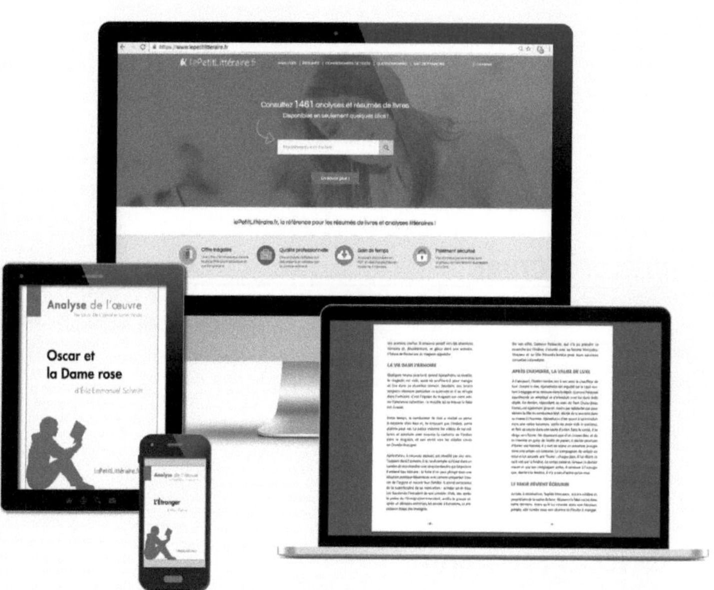

JEAN GIRAUDOUX

ÉCRIVAIN ET DRAMATURGE FRANÇAIS

- **Né en 1882 à Bellac (France)**
- **Décédé en 1944 à Paris**
- **Quelques-unes de ses œuvres :**
    - *Amphitryon 38* (1929), pièce de théâtre
    - *Électre* (1937), pièce de théâtre
    - *La Folle de Chaillot* (1945), pièce de théâtre

Jean Giraudoux est un auteur français né en 1882. Ses études à l'École normale supérieure à partir de 1903 lui ouvrent les portes du monde des intellectuels et des littéraires. Il s'intéresse également aux cultures germaniques et part même visiter l'Allemagne (1905). Sa grande curiosité l'emmène également en d'autres contrées : l'Italie, le Canada, les États-Unis.

À son retour en France en 1910, il écrit diverses œuvres avant d'entamer une carrière de diplomate qui s'interrompt avec le début de la guerre. Ses pièces de théâtre (*Amphitryon 38*, *La guerre de Troie n'aura pas lieu*, *Électre*, *Ondine*, 1939) connaissent le succès pendant l'entre-deux-guerres et font de Giraudoux le plus grand dramaturge de son siècle. Il décède en 1944 à l'âge de 62 ans.

LA GUERRE DE TROIE N'AURA PAS LIEU

UNE TRAGÉDIE CLASSIQUE REVISITÉE

- **Genre :** pièce de théâtre (tragédie)
- **Édition de référence :** *La guerre de Troie n'aura pas lieu*, Paris, Le Livre de Poche, coll. « Le Théâtre de Poche », 1968, 192 p.
- **1ʳᵉ édition :** 1935
- **Thématiques :** conflit, paix, tension, mythe, destin, fatalité

La guerre de Troie n'aura pas lieu revisite le grand classique qu'est l'*Iliade* d'Homère (poète grec, VIIIᵉ siècle av. J.-C.), sans pour autant le parodier. Giraudoux nous conte le retour au pays du héros Hector et son opposition à une nouvelle guerre déclenchée pour les beaux yeux d'Hélène. L'action évolue lentement, et la tension entre paix et conflit est permanente. Le style de Giraudoux est classique et allie parfaitement comédie et tragédie. Il ménage aussi une belle part au destin et à ses répercussions pour la ville de Troie.

Cette pièce fut écrite en 1935, durant la période de l'entre-deux-guerres, alors que l'Europe s'inquiétait de l'imminence d'un nouveau conflit.

RÉSUMÉ

UNE PRÉDICTION ALARMANTE

Dans la grande Troie, Andromaque et la prophétesse Cassandre bavardent. La première, enceinte, attend le retour de son mari, Hector, parti à la guerre. Elle fonde ses espoirs sur un monde meilleur qui serait exempt de conflits. Pourtant, Cassandre lui annonce qu'une guerre aura bel et bien lieu. Andromaque, d'abord incrédule, ne tardera pas à se rallier à son opinion.

Hector revient au pays, victorieux, et apprend qu'il sera bientôt père. La nouvelle l'enchante, mais sème la crainte chez la future mère, qui pense que son fils développera des passions belliqueuses, tout comme son père.

Hector explique que les combats reflètent le plus souvent une vraie noblesse et qu'ils sont le devoir des grands hommes. Dans les tranchées, il faut faire preuve d'agilité et être magnanime vis-à-vis de ses ennemis. Néanmoins, ce code d'honneur tend à disparaitre du milieu guerrier, et Hector n'a, dès lors, plus vraiment de motivation à combattre. De son côté, alors qu'elle était joyeuse au début de la pièce, Andromaque devient pessimiste et imagine le début des hostilités comme une fatalité.

UNE FEMME SYMBOLIQUE

Pendant ce temps, Pâris, le jeune frère d'Hector, a enlevé la princesse grecque Hélène, provoquant un grave différend entre la Grèce et Troie. Alerté, Hector convoque son frère. Or Hélène est plus qu'une femme, elle est une icône indispensable à la bonne marche de la société. Par conséquent, ni Pâris ni les vieillards de la ville ne veulent céder à l'ennemi ce nouvel emblème de Troie. Hector décide alors de parler à Hélène de son éventuel départ, ce qui n'a pas l'air de la déranger : elle avoue ne pas aimer Pâris plus que cela. En dépit de son discours creux, le Troyen trouve à la belle Grecque un don certain pour la voyance.

Après leur entretien, Hélène se rend auprès de Cassandre. Bientôt, l'allégorie de la paix, très pâle, fait son entrée auprès d'elles. Sa lividité est un signe avant-coureur de son déclin face à la noirceur de la guerre, qui semble effectivement inévitable.

Hélène, en vagabondant dans Troie, surprend Troïlus, son jeune beau-frère de 15 ans, qui l'a prise en filature. Sure d'elle, elle l'interpelle et lui permet de l'embrasser. Cette proposition fait bondir le jeune garçon, qui ne souhaite pas s'exécuter. À ce moment-là arrive Pâris, jaloux de savoir son frère avec sa maitresse.

LA FIN D'UN ÉQUILIBRE FRAGILE

Hécube, reine de Troie, le poète Demokos, Pâris et le géomètre se rassemblent pour discuter de certains aspects pratiques de la guerre, à savoir l'hymne de l'armée et l'utilisation d'épithètes haineuses qui découragent l'adversaire. Dans l'espoir de voir se réaliser ses projets belliqueux, Demokos a convoqué Busiris, un spécialiste de la loi. Celui-ci expose à Hector qu'Ilion (autre nom donné à Troie) a, jusqu'ici, été victime des outrages des Grecs et qu'il serait donc légitime pour la ville de riposter afin de laver son honneur. Pourtant, toujours réfractaire à la guerre, Hector entend bien rétablir la paix et accueillir chaleureusement les ambassadeurs grecs. Il ordonne qu'au nom de la paix et de l'honneur des âmes tombées au combat, on ferme les portes de la ville.

Mais un coup de théâtre se produit au moment où tous les Troyens se sentaient enfin hors de danger : l'armée hellénique pose le pied sur les rives troyennes et menace le fragile équilibre de la cité. Andromaque, dans un dernier sursaut d'espoir, supplie vainement Hélène de développer des sentiments pour Pâris. Un amour sincère pourrait sauver l'ile de la guerre, car nul n'a le droit de juger un cœur épris.

UNE ISSUE INCERTAINE

Arrivé face à Hector, le Grec Oiax le provoque pour obtenir de lui une déclaration de guerre. Mais sa démarche n'aboutit pas et, conquis par l'humour et la bonne volonté du prince pour maintenir la paix, Oiax oublie ses menaces belliqueuses. La foule interroge Pâris et sa dame sur leurs amours. Ceux-ci, pour éviter tout esclandre politique, nient en bloc jusqu'à ce que des témoignages s'élèvent pour clamer le contraire.

Mais, alors que tous s'entendent pour passer ces allégations – Hélène et Pâris ne sont pas restés chastes – sous silence au roi grec Ménélas et ne pas entrer en guerre, Demokos, bien disposé à se battre, encourage la foule troyenne à se révolter contre l'ennemi. Hector le fait taire en lui décochant une flèche. Avant de mourir, Demokos s'empresse d'accuser

Oiax d'être l'auteur de cet attentat. Les spectateurs de la scène réclament alors le début des hostilités. Les portes de la ville s'ouvrent sur Hélène embrassant Troïlus.

La guerre est imminente. Elle aura donc bien lieu.

ÉTUDE DES PERSONNAGES

HECTOR

Hector est le fils ainé de Priam. Il est le légataire de la ville et défend donc férocement son territoire, non sans une certaine noblesse. Il est avant tout un guerrier, mais ne combat que lorsqu'il y est forcé. Il aime certaines facettes de la guerre, comme le fait que les hommes, en s'affrontant, s'élèvent au rang de dieux. C'est un homme bon et juste qui n'accomplit que son devoir. Il est bien loin du personnage de Demokos qui est très désireux d'entrer en guerre, mais qui n'y participera jamais en tant que soldat.

Posé et calme, Hector est un leader charismatique, habitué aux frasques de son frère, qu'il décharge le plus souvent de ses responsabilités. Pire, il agit pour son cadet comme un père et l'infantilise. Il est très compréhensif et opte pour le dialogue lorsqu'il faut désamorcer les conflits : il n'hésite pas à parler avec Hélène de son retour chez Ménélas, son mari. Il perd tout de même patience face aux mystères de cette dernière, qui ne veut pas lui parler clairement de ses visions. Bien qu'il soit très viril et fort, il a besoin d'être rassuré à plusieurs reprises à travers la pièce, notamment quand il interroge Hélène sur le sort qui est réservé à son couple.

HÉLÈNE

Hélène de Sparte est la maitresse de Pâris, mais également l'épouse de Ménélas, à qui elle a été enlevée. Sa beauté est sans pareille, et il n'est personne (sauf Hector) qui ne la suive du regard et ne s'en émerveille. Elle connait sa valeur et sa beauté, et elle en joue pour séduire les hommes et les manipuler. Elle ne tient pas plus à Pâris qu'elle ne tient à Ménélas. Selon la déduction d'Hector, Hélène n'aime pas quelqu'un en particulier, mais elle aime l'amour et les hommes. Elle se garde de réfléchir aux sentiments qu'elle éprouve, car elle estime qu'ils lui compliquent la vie, tout comme les sentiments d'autrui d'ailleurs. Elle est malléable et sans personnalité, à tel point qu'elle change d'avis selon son interlocuteur : elle dit à Pâris qu'elle ne veut pas quitter Troie, mais elle avoue à Hector qu'elle se moque de rester ou non. C'est une femme froide et profondément égoïste qui n'a aucun remords à sacrifier un peuple tout entier pour pouvoir continuer à habiter à Troie.

Elle est assez colérique et fait preuve d'humeur envers Andromaque, qui tente de lui démontrer que son individualisme est indigne de son rang de princesse. De plus, la notion de pitié ou de compassion lui est inconnue : elle ne s'autorise qu'à mépriser les autres et à se féliciter de leur être supérieure.

Dans cette pièce, elle avoue à Hector être douée de facultés spéciales qui lui permettent de prédire l'avenir.

Hélène est dotée d'encore moins de caractère chez Homère que chez Giraudoux. Par contre, dans l'épopée homérique, elle est moins imbue d'elle-même, moins égoïste et est visiblement chagrinée par les dommages qu'elle cause à Ilion. Elle est victime de sa beauté et n'en joue pas. Elle est la fille de Tyndare, le roi de Sparte, et a été donnée en mariage au prince Ménélas, dont elle n'est pas amoureuse, mais pour lequel elle éprouve une vraie affection. Dans l'épopée homérique, la belle n'est pas adulée par la population troyenne ; au contraire, les Troyens souhaitent son retour en Grèce.

PÂRIS

Pâris est l'héritier, avec son frère Hector, de l'Empire troyen. Gâté par la vie, il n'est pas habitué à se voir refuser ce qu'il désire et n'obéit qu'à son caprice. Il manque de maturité, est impétueux et difficile à contrôler. Irresponsable, il laisse à son ainé le soin de répondre de ses actes.

Très impulsif, il aime, puis délaisse l'objet de son affection, Hélène. Bien que l'amour qu'il lui porte soit plus physique que spirituel, il n'a aucune envie de se séparer d'elle. Sans doute la perçoit-il comme un trophée qui pourra nourrir son grand orgueil. Il avoue que c'est la distance entre elle et lui qui l'attire et qu'il aime qu'on ne lui cède pas en amour. Respectueux des ainés et des conventions, il accepte de s'en remettre à Priam en ce qui concerne le sort d'Hélène. Néanmoins, il ne prend pas vraiment de risque en agissant de la sorte puisqu'il sait que son père apprécie beaucoup la jeune fille et qu'il n'exigera pas d'elle qu'elle retourne en Grèce. Ainsi est-il obéissant, tout en restant manipulateur.

Il est l'incarnation masculine de la beauté et c'est en cela qu'il correspond parfaitement à son « otage ». Ensemble, ils forment un couple idyllique, bien que creux. Pâris est vu comme quelqu'un de superficiel car il n'arrive pas à comprendre que la survie d'un peuple doit dépendre d'autre chose que de la simple notion d'esthétisme.

Son personnage dans *La guerre de Troie n'aura pas lieu* est assez semblable à celui que décrit Homère. Ce dernier imagine Pâris comme quelqu'un de faible, de lâche et n'assumant pas ses actes. Il est aussi vu comme assez efféminé et presque imberbe. Ce portrait a surement été réalisé pour coïncider avec le caractère plus qu'immature du jeune homme. Chez Homère, il est aussi divinement beau, possède une belle chevelure et fait de la musique.

PRIAM

Priam est le roi de la cité de Troie et le père de Cassandre, d'Hector et du fougueux Pâris. Il est marié à Hécube, qui lui tient souvent tête, surtout au sujet de la guerre et de la place des femmes dans la société troyenne.

Priam apparait pour la première fois lors de la querelle entre ses fils et prend immédiatement parti pour le cadet. Selon lui, une guerre est envisageable si elle permet à son peuple de garder Hélène, objet de l'admiration collective. Lui-même la trouve splendide et a bien remarqué que la jeune femme attirait sur elle les regards des hommes de la cité. Finalement, il insinue à demi-mot que la belle Grecque est une attraction pour les Troyens et qu'elle symbolise le renouveau de leur civilisation. Tant qu'Hélène est là, la beauté demeure dans Troie ; et puisqu'elle est un cadeau de Vénus, la déesse de l'amour et de la beauté, à l'intention de Pâris, cette femme symbolise l'appui de la déesse sur la cité, un soutien nécessaire au sortir d'une guerre meurtrière. Alors qu'il devrait être sage, Priam n'obéit qu'à ses envies et délègue une bonne partie de ses responsabilités à son fils

Hector.

DEMOKOS

Demokos est un poète grec assuré de son talent et un homme extrêmement prétentieux. Il ne véhicule pas les valeurs pacifiques propres aux artistes et espère vivement trouver de nouvelles sources d'inspiration en assistant au carnage humain qu'engendrerait la guerre. Cet être suffisant a le don d'agacer Hécube, la reine des Troyens, qui n'a de cesse de l'humilier.

Dans la scène VI de l'acte I, il sert d'intermédiaire entre Priam et son fils et n'hésite pas à dénoncer au roi les propos qu'Hector tient sur Hélène. Il est fourbe et aime véritablement jeter la discorde entre les membres de la famille royale. Il fait preuve d'une attitude quelque peu misogyne à l'égard d'Hécube et d'Andromaque et n'a de respect que pour Hélène : sans doute échappe-t-elle à son sexisme parce qu'elle incarne la beauté et que ce statut la rend presque asexuée.

ANDROMAQUE

Andromaque, très éprise d'Hector, son mari, ne s'imagine pas être unie à un autre homme. Ensemble, ils forment un couple parfait et profondément amoureux, contrairement à celui formé par Hélène et Pâris. Le premier chapitre la montre très sure du maintien de la paix dans sa contrée ; cependant, les prédictions de Cassandre lui font vite oublier son optimisme. Elle est à son tour convaincue de l'imminence de la guerre. Cette éventualité lui fait peur parce qu'elle est enceinte et qu'elle craint de perdre son époux. Elle remet en question le rôle de la guerre dans la société, mais également le rôle de ceux qui la font : restent-ils des hommes ou deviennent-ils des animaux ? L'amour de la bataille peut-il se transmettre comme un héritage ?

Poétesse, elle peint l'amour de façon très romantique et philosophique (acte II, scène VIII). Elle est réaliste en se disant que la guerre est peut-être inévitable. Néanmoins, elle compte sur l'humanité des deux belligérants pour que tout conflit soit évité. Elle incarne la femme moderne possédant sa vision des choses et ses propres réflexions. Elle est indépendante, prône l'égalité de l'homme et de la femme dans le couple, et s'octroie le droit de débattre de sujets sociétaux avec son époux. Elle avoue être tout l'opposé d'Hector, mais lui être pourtant complémentaire.

CASSANDRE

Cassandre est la plus belle des filles du roi troyen, Priam, et la sœur de Pâris et d'Hector. Tout comme dans la mythologie, elle est dotée d'un don de prescience (don qui permet de connaitre l'avenir). Il existe cependant entre les deux versions une légère différence : ses présages sont plus volontiers écoutés dans la pièce de Giraudoux que dans l'histoire d'Homère.

Cassandre apparait pessimiste dès les premières lignes et annonce d'emblée ce qui adviendra d'Ilion, prédisant à Andromaque que la guerre de Troie surviendra. Cassandre, si elle voit l'avenir, n'en comprend pas bien les facteurs :

elle déprécie Hélène et trouve la notion de beauté plus que futile. Elle est désabusée quand elle apprend que la paix est menacée pour un amour éphémère. Elle adopte un ton plus sarcastique quand elle évoque les vieillards qui adulent la belle Grecque et la suivent à la trace.

CLÉS DE LECTURE

DRAMATURGIE DE LA PIÈCE

La guerre de Troie n'aura pas lieu est le cinquième texte de l'auteur et fait figure d'exception dans son œuvre. Alors que ses précédents textes allaient vers une remise en cause du dialogue au profit d'autres modes d'énonciations comme le monologue ou le soliloque, dans l'œuvre étudiée, les personnages dialoguent au sens strict du terme. Comme l'affirme Michel Corvin (universitaire français spécialiste du théâtre du XXᵉ siècle, 1930-2015) :

> « Dans un théâtre occidental conçu comme affrontement d'individus soumis à une situation qui les met en demeure soit de se défendre, soit d'attaquer (dans la tragédie comme dans la comédie), le dialogue permet à chaque personnage de développer des arguments logiques qui suivent les lois précises de la rhétorique, voire de la plaidoirie. » (*Dictionnaire encyclopédique du théâtre*, p. 428)

La construction de *La guerre de Troie n'aura pas lieu* est remarquable. C'est dans cette pièce que Giraudoux adopte, pour la première fois, un découpage en deux actes (structure qu'il utilisera à plusieurs reprises par la suite) qui nécessite un équilibre entre les parties. De plus, la pièce est basée sur une structure cyclique puisqu'elle commence et se termine avec la même phrase, « La guerre de Troie n'aura pas lieu », phrase qui donne son titre à la pièce et se répète à plusieurs reprises. Toutefois, la formule qui ouvre la représentation et celle qui amène la fermeture de rideau ne se comprennent pas de la même façon : Andromaque, qui parle la première, est encore pleine d'espoir quant à la possibilité d'échapper à la guerre ; Hector, à la fin, semble crier son désespoir quant à la catastrophe imminente.

Une structure qui respecte la règle des trois unités

Dans cette pièce qui fait de nombreuses allusions à l'*Iliade* mais aussi au théâtre classique, Giraudoux a choisi de conserver la règle des trois unités :

- l'unité d'action est la plus évidente car la pièce ne comporte qu'une préoccupation principale : faut-il rendre Hélène aux Grecs ou se préparer à la guerre ?
- l'unité de temps recommande que l'intrigue ne dépasse pas les vingt-quatre heures, ce que Giraudoux respecte à la lettre en proposant une intrigue s'étalant sur douze heures. Cette durée est certes limitée, mais elle est liée au drame qui se joue dans la pièce, comme cela est expliqué par Cassandre dans la première scène (« Le destin, c'est la forme accélérée du temps. ») ;
- l'unité de lieu est légèrement adaptée. *La guerre de Troie n'aura pas lieu* se déroule bien à Troie, mais le premier acte se joue sur la terrasse d'un rempart et le second devant « les portes de la guerre » dont il faut impérativement décider de les fermer ou les garder ouvertes.

LA PLACE DU MYTHE DANS LA LITTÉRATURE

Dans l'Antiquité, on recourait aux mythes pour expliquer des phénomènes sur lesquels les hommes avaient peu de prise, comme les catastrophes naturelles, les peurs ou les rêves par exemple. Les mythes traitent donc de thèmes universels. Jadis, ils étaient inculqués aux membres de la société gréco-romaine et étaient abondamment repris par différents écrivains. Le contenu de ces adaptations devait être le même que celui du mythe original : aux yeux des anciens, les héros qui habitent cette littérature ont existé dans des temps reculés.

Les mythes grecs et romains furent abondamment réutilisés dans la littérature à travers les âges, en particulier pendant la Renaissance. Le théâtre du XXᵉ siècle s'en inspire également fréquemment : *Électre* et *La guerre de Troie n'aura pas lieu* de Giraudoux, *Antigone* (1944) d'Anouilh (auteur dramatique français, 1910-1987), *Les Mouches* (1943) de Sartre (philosophe et écrivain français, 1905-1980).

Ces mythes restent aujourd'hui encore d'actualité, car ils évoquent des problèmes que connait la société : la guerre, la place du bonheur dans le monde, l'importance du destin sur la vie des hommes, l'amour, etc. Au cours du XXᵉ siècle, on voit d'ailleurs se développer un nouvel engouement pour ces mythes qui sont repris et réétudiés sous l'angle de la politique, car on constate qu'ils peuvent expliquer certains phénomènes plus contemporains.

SCEPTICISME ET DESTIN

Si les dialogues tournent parfois certains personnages en dérision, le thème de l'histoire n'en est pas moins dramatique : la guerre est proche des portes de la ville, et personne ne semble réellement s'en inquiéter. Le mythe de la guerre de Troie est approprié à toutes les batailles du monde tant il expose bien l'espoir des hommes qui pensent que, malgré tout, la guerre peut être écartée au profit de la paix.

La pièce s'inscrit dans la littérature de l'entre-deux-guerres. À cette époque, l'Europe assiste à une fulgurante montée des totalitarismes (régimes politiques dans lesquels l'État impose son idéologie), qu'ils soient fascistes (Hitler, 1889-1945, en Allemagne ; Mussolini, 1883-1945, en Italie ; Franco, 1892-1975, en Espagne) ou communistes (en URSS, le régime se durcit très nettement avec la liquidation des opposants politiques de Staline, 1878/1879-1953). L'atmosphère est donc empreinte de tension : on sent qu'à tout moment, la guerre pourrait se déclarer. Un conflit éclate d'ailleurs en Espagne en 1936, opposant les nationalistes, partisans de Franco, aux républicains.

À côté de ceux qui choisissent de préparer une guerre jugée inévitable, d'autres refusent d'y croire et s'attachent à la paix. Le Premier ministre britannique Chamberlain (1869-1940) adopte ainsi une politique de conciliation avec l'Allemagne et tente de maintenir la paix jusqu'en 1938. Malgré tout, un an plus tard, la guerre commence avec l'invasion de la Pologne par l'Allemagne.

On peut donc voir dans la pièce de Giraudoux le signe d'un certain pessimisme par rapport à la situation politique européenne en 1935. L'auteur se montre en tout cas assez sceptique quant à l'issue de la rencontre entre Grecs et Troyens et, jusqu'à la dernière page, le lecteur se demande ce qu'il adviendra d'Ilion. Ce scepticisme littéraire est caractérisé par le fait que l'on ne parvient pas à trouver de réponse vraiment satisfaisante à un dilemme qui oppose le destin et la volonté des hommes à ne pas entrer en guerre. En prenant tous les paramètres sociaux et politiques en compte, il est difficile de prédire si l'opposition aboutira à la guerre ou à la paix. Rien dans ce livre ne justifie suffisamment la guerre puisque les deux partis arrivent à s'entendre sur le fait de rendre Hélène à son mari Ménélas et de passer sous silence ses frasques avec Pâris. Cependant, le conflit éclate tout de même, simplement parce que tel devait être le destin des Troyens et de la belle Hélène.

La prescience de Cassandre, qui considère la guerre comme inéluctable, et d'Hélène, qui a également un don de clairvoyance, sont des signes supplémentaires du destin. De plus, dans ce récit comme dans toute la mythologie, les dieux veillent dans le ciel olympien et ont autant le droit de paix ou de guerre sur les villes que de vie ou de mort sur leurs sujets. C'est parce que Pâris a élu Vénus comme la plus belle des déesses qu'il a connu Hélène, et c'est parce que cet amour est adultère qu'il est puni par les dieux. Les interventions divines sont régulières dans les récits et visent à remettre un peu d'équité dans un monde que les hommes ont dérangé. Finalement, nous ignorons qui des dieux ou du destin tire les ficelles de la guerre de Troie.

HISTORICISATION DE LA GUERRE

Avec *La guerre de Troie n'aura pas lieu*, Giraudoux dévoile son engagement politique contre la guerre. Cette volonté pacifiste trouve son origine dans la vie même de l'auteur. Lieutenant pendant la Première Guerre mondiale (1914-1918), il était membre du corps expéditionnaire franco-britannique avec lequel il a découvert les Dardanelles et le site archéologique de Troie où il est blessé en juin 1915. Hospitalisé durant de longues semaines, il garde une santé fragile à la suite de la bataille des Dardanelles (avril 1915-janvier 1916). Cet épisode peut donner raison au fait que, malgré les nombreuses critiques à l'encontre du titre de la pièce, considéré comme trop long, trop négatif, voire provocateur en 1935, Giraudoux l'ait conservé et ait fait de cette pièce un plaidoyer pour la paix. À l'issue des premières représentations, la critique, comme Benjamin Crémieux (critique français, 1888-1944) qui salue le « courage antibelliciste de l'auteur », approuve cette prise de position (VEAUX C. et VICTOR L., *La guerre de Troie n'aura pas lieu et Électre de Jean Giraudoux*, p. 43). Pourtant, certaines voix s'élèvent contre ce manifeste pacifiste, considérant qu'il s'agit d'« une apologie de la lâcheté à tout prix » (CLAUDEL P., *Journal*, Gallimard, Bibliothèque de la Pléiade, t. II, 1969, p. 115).

Mais si le désir de l'auteur était d'évoquer l'actualité, pourquoi a-t-il choisi de le faire par le biais d'anciens mythes ? L'intérêt est grand pour les auteurs : les spectateurs cultivés y trouvent leurs préoccupations mises à distance par le mythe selon le principe de l'historicisation. Cette structure, théorisée par Bertolt Brecht (poète et auteur allemand, 1898-1956), consiste à « considérer un système social donné du point de vue d'un autre système social » (*Journal de travail*, p. 109). Ce qui se joue dans la pièce de Giraudoux n'est pas l'incertitude quant à la potentialité d'un conflit à Troie car, contrairement à ce qu'annonce le titre, le spectateur sait que cela adviendra. La question qui est au cœur des débats à cette époque (qui connait un climat politique tendu) et qui est sans cesse présente dans l'esprit du public est celle-ci : un nouvel affrontement franco-allemand aura-t-il lieu ? La négation du titre de Giraudoux représentant ce qu'il souhaite : qu'une seconde guerre mondiale soit évitée.

En outre, dans la réplique d'Hector dite du « Discours aux morts » (acte II, scène V), les allusions aux blessures et aux morts peuvent être des souvenirs autobiographiques de l'auteur. Il s'agit de rappeler la réalité de la guerre loin de tous les discours de l'époque, qu'ils soient pacifistes ou bellicistes.

LE LANGAGE GIRALDUCIEN

Si Jean Giraudoux possède une solide culture classique au lycée comme le démontre son premier prix de version grecque, *La guerre de Troie n'aura pas lieu* n'est, en aucun cas, une pièce écrite à la façon antique. La langue y est un terrain de jeu pour l'auteur qui multiplie les effets. On y trouve en effet :

- **une parodie de citations célèbres**. Le vers de Lamartine (poète et homme politique français, 1790-1869), « Un seul être vous manque et tout est dépeuplé » (tiré du poème « L'Isolement », 1820), devient dans la bouche de Pâris : « Un seul être vous manque, et tout est repeuplé… » (acte I, scène IV). Plus tard, dans l'acte II, un homme jovial s'écrie : « Rendons à Pâris ce qui revient à Pâris ! », une déformation de la locution « Rendre à César ce qui appartient à César » ;
- **des anachronismes**. Une référence à la bourgeoisie est faite par Pâris (acte I, scène VI), alors qu'il s'agit d'une

classe sociale qui émerge au cours du Moyen Âge et qui n'existe donc pas dans l'Antiquité. Demokos évoque, quant à lui, les « anciens combattants » (acte II, scène V) qui, dans le contexte de la pièce, est une référence à la Première Guerre mondiale. Dans la même scène, Hector parle des cocardes, un symbole de la République française ;

- **des vers de mirliton**, que l'on peut paraphraser par « mauvaise poésie ». Giraudoux place parfois, au milieu des dialogues et pour le plaisir des rimes, un petit poème sans rapport avec l'intrigue. Le Géomètre joue ainsi avec les sons (acte I, scène VI) : « Elle est notre baromètre, notre anémomètre ! Voilà ce qu'ils disent, les géomètres. »

Le style choisi est également extrêmement soigné, et l'on découvre un champ lexical maitrisé, abondant à la fois en termes familiers (« Nous mangeons. Nous buvons... Et dans le clair de lune !... Nous couchons avec nos femmes... Avec les vôtres aussi », acte II, scène V) ou techniques (chromos d'Hélène mentionnés acte II scène VIII), en néologismes et en mots tombés en désuétude.

Pour l'auteur, peu importe que son public parvienne à décrypter les nombreuses références de ses textes car « c'est le style qui renvoie sur l'âme des spectateurs mille reflets, mille irisations qu'ils n'ont pas plus besoin de comprendre, que la tache de soleil envoyée par la glace » (GIRAUDOUX J., *L'Impromptu de Pâris*, Paris, Grasset, 1937, scène III).

LE CONTEXTE THÉÂTRAL

Après la Première Guerre mondiale, le public recherche le

divertissement et la légèreté. C'est le triomphe du théâtre de boulevard avec des intrigues pleines de rebondissements, des personnages simples qui s'expriment grâce à des dialogues où abondent les mots d'auteur.

C'est dans le but de s'opposer à cette pauvreté artistique qu'une association de quatre metteurs en scène (Gaston Baty, 1885-1952 ; Charles Dullin, 1885-1949 ; Louis Jouvet, 1887-1951 et Georges Pitoëff, 1884-1939) est créée sous le nom de Cartel. Ils sont à la recherche de nouveaux auteurs, qui seraient de vrais dramaturges et non des écrivains à la recherche d'une reconnaissance facile. C'est ainsi que Louis Jouvet s'intéressera aux œuvres de Jean Giraudoux et mettra en scène cette pièce, représentée pour la première fois le 22 novembre 1935 au théâtre de l'Athénée.

PISTES DE RÉFLEXION

QUELQUES QUESTIONS POUR APPROFONDIR SA RÉFLEXION...

- Expliquez le titre de la pièce.
- Pourquoi peut-on dire qu'Andromaque est une femme moderne ?
- Comparez les personnages de Giraudoux avec ceux d'Homère du point de vue de leur personnalité, de leur psychologie et de leurs motivations.
- Pensez-vous que le personnage d'Hélène soit déterminant dans l'intrigue ?
- À votre avis, pourquoi des écrivains du XXe siècle réécrivent-ils les mythes antiques ?
- Comparez la place du destin dans cette œuvre et dans les tragédies de Racine (poète tragique français, 1639-1699).
- En quoi cette pièce est-elle liée au contexte politique dans lequel Giraudoux l'a réalisée ?
- Selon vous, cette pièce est-elle une comédie ou une tragédie ? Justifiez votre réponse.
- Pourquoi pensez-vous que Giraudoux mêle comique et tragique dans *La guerre de Troie n'aura pas lieu* ?
- Selon le principe de l'historicisation, choisissez un fait d'actualité et un mythe pour aborder celui-ci. Justifiez votre choix.

Votre avis nous intéresse !
Laissez un commentaire sur le site de votre librairie en ligne
et partagez vos coups de cœur sur les réseaux sociaux !

POUR ALLER PLUS LOIN

ÉDITION DE RÉFÉRENCE

- GIRAUDOUX J., *La guerre de Troie n'aura pas lieu*, Paris, Le Livre de Poche, coll. « Le Théâtre de Poche », 1968.

ÉTUDES DE RÉFÉRENCE

- BRECHT B., *Journal de travail*, Paris, L'Arche, 1976.
- CLAUDEL P., *Journal*, Gallimard, Bibliothèque de la Pléiade, t. II, 1969, p. 115
- CORVIN M., *Dictionnaire encyclopédique du théâtre*, Paris, Bordas, 1991.
- GIRAUDOUX J., *L'Impromptu de Paris*, Paris, Grasset, 1937.
- RAT M., *Aide-mémoire de Grec*, Paris, Nathan, coll. « Les petites références », 2004.
- ROMILLY J. DE, *Pourquoi la Grèce*, Paris, Éditions de Fallois, 1992.
- TIN L.-G., *Jean Giraudoux : La guerre de Troie n'aura pas lieu*, Paris, Bréal, coll. « Connaissance d'une œuvre », 1998.
- VEAUX C. et VICTOR L., La guerre de Troie n'aura pas lieu *et* Électre *de Jean Giraudoux*, Paris, Atlande, 2002.

SUR LEPETITLITTÉRAIRE.FR

- Commentaire de la scène I de l'acte I de *La guerre de Troie n'aura pas lieu*.
- Fiche de lecture sur *Électre* de Jean Giraudoux.

Retrouvez notre offre complète sur lePetitLittéraire.fr

- des fiches de lectures
- des commentaires littéraires
- des questionnaires de lecture
- des résumés

ANOUILH
- Antigone

AUSTEN
- Orgueil et Préjugés

BALZAC
- Eugénie Grandet
- Le Père Goriot
- Illusions perdues

BARJAVEL
- La Nuit des temps

BEAUMARCHAIS
- Le Mariage de Figaro

BECKETT
- En attendant Godot

BRETON
- Nadja

CAMUS
- La Peste
- Les Justes
- L'Étranger

CARRÈRE
- Limonov

CÉLINE
- Voyage au bout de la nuit

CERVANTÈS
- Don Quichotte de la Manche

CHATEAUBRIAND
- Mémoires d'outre-tombe

CHODERLOS DE LACLOS
- Les Liaisons dangereuses

CHRÉTIEN DE TROYES
- Yvain ou le Chevalier au lion

CHRISTIE
- Dix Petits Nègres

CLAUDEL
- La Petite Fille de Monsieur Linh
- Le Rapport de Brodeck

COELHO
- L'Alchimiste

CONAN DOYLE
- Le Chien des Baskerville

DAI SIJIE
- Balzac et la Petite Tailleuse chinoise

DE GAULLE
- Mémoires de guerre III. Le Salut. 1944-1946

DE VIGAN
- No et moi

DICKER
- La Vérité sur l'affaire Harry Quebert

DIDEROT
- Supplément au Voyage de Bougainville

DUMAS
- Les Trois
  Mousquetaires

ÉNARD
- Parlez-leur
  de batailles,
  de rois et
  d'éléphants

FERRARI
- Le Sermon sur la
  chute de Rome

FLAUBERT
- Madame Bovary

FRANK
- Journal
  d'Anne Frank

FRED VARGAS
- Pars vite et
  reviens tard

GARY
- La Vie devant soi

GAUDÉ
- La Mort du
  roi Tsongor
- Le Soleil des
  Scorta

GAUTIER
- La Morte
  amoureuse
- Le Capitaine
  Fracasse

GAVALDA
- 35 kilos d'espoir

GIDE
- Les
  Faux-Monnayeurs

GIONO
- Le Grand
  Troupeau
- Le Hussard
  sur le toit

GIRAUDOUX
- La guerre de
  Troie
  n'aura pas lieu

GOLDING
- Sa Majesté des
  Mouches

GRIMBERT
- Un secret

HEMINGWAY
- Le Vieil Homme
  et la Mer

HESSEL
- Indignez-vous !

HOMÈRE
- L'Odyssée

HUGO
- Le Dernier Jour
  d'un condamné
- Les Misérables
- Notre-Dame
  de Paris

HUXLEY
- Le Meilleur
  des mondes

IONESCO
- Rhinocéros
- La Cantatrice
  chauve

JARY
- Ubu roi

JENNI
- L'Art français
  de la guerre

JOFFO
- Un sac de billes

KAFKA
- La Métamorphose

KEROUAC
- Sur la route

KESSEL
- Le Lion

LARSSON
- Millenium I. Les
  hommes qui
  n'aimaient pas
  les femmes

LE CLÉZIO
- Mondo

LEVI
- Si c'est un
  homme

LEVY
- Et si c'était vrai…

MAALOUF
- Léon l'Africain

MALRAUX
- La Condition
  humaine

MARIVAUX
- La Double
  Inconstance
- Le Jeu de l'amour
  et du hasard

MARTINEZ
- Du domaine
  des murmures

MAUPASSANT
- Boule de suif
- Le Horla
- Une vie

MAURIAC
- Le Nœud
  de vipères

MAURIAC
- Le Sagouin

MÉRIMÉE
- Tamango
- Colomba

MERLE
- La mort est
  mon métier

MOLIÈRE
- Le Misanthrope
- L'Avare
- Le Bourgeois
  gentilhomme

MONTAIGNE
- Essais

MORPURGO
- Le Roi Arthur

MUSSET
- Lorenzaccio

MUSSO
- Que serais-je
  sans toi ?

NOTHOMB
- Stupeur et
  Tremblements

ORWELL
- La Ferme
  des animaux
- 1984

PAGNOL
- La Gloire de
  mon père

PANCOL
- Les Yeux jaunes
  des crocodiles

PASCAL
- Pensées

PENNAC
- Au bonheur
  des ogres

POE
- La Chute de la
  maison Usher

PROUST
- Du côté de
  chez Swann

QUENEAU
- Zazie dans
  le métro

QUIGNARD
- Tous les matins
  du monde

RABELAIS
- Gargantua

RACINE
- Andromaque
- Britannicus
- Phèdre

ROUSSEAU
- Confessions

ROSTAND
- Cyrano de
  Bergerac

ROWLING
- Harry Potter à
  l'école des sor-
  ciers

SAINT-EXUPÉRY
- Le Petit Prince
- Vol de nuit

SARTRE
- Huis clos
- La Nausée
- Les Mouches

SCHLINK
- Le Liseur

SCHMITT
- La Part de l'autre
- Oscar et la
  Dame rose

SEPULVEDA
- Le Vieux qui
  lisait des romans
  d'amour

SHAKESPEARE
- Roméo et Juliette

SIMENON
- Le Chien jaune

STEEMAN
- L'Assassin
  habite au 21

STEINBECK
- Des souris et
  des hommes

STENDHAL
- Le Rouge et
  le Noir

STEVENSON
- L'Île au trésor

SÜSKIND
- Le Parfum

TOLSTOÏ
- Anna Karénine

TOURNIER
- Vendredi ou
  la Vie sauvage

TOUSSAINT
- Fuir

UHLMAN
- L'Ami retrouvé

VERNE
- Le Tour
  du monde
  en 80 jours
- Vingt mille
  lieues sous
  les mers
- Voyage au
  centre de
  la terre

VIAN
- L'Écume des jours

VOLTAIRE
- Candide

WELLS
- La Guerre des
  mondes

YOURCENAR
- Mémoires
  d'Hadrien

ZOLA
- Au bonheur
  des dames
- L'Assommoir
- Germinal

ZWEIG
- Le Joueur
  d'échecs

ISBN version numérique : 978-2-8062-9286-5
ISBN version papier : 978-2-8062-9287-2
Dépôt légal : D/2017/12603/6

Avec la collaboration de Johanna Biehler pour les chapitres « Dramaturgie de la pièce », « Historicisation de la guerre », « Le langage giralducien » et « Le contexte théâtral ».

Conception numérique : Primento,
le partenaire numérique des éditeurs.

Ce titre a été réalisé avec le soutien de la Fédération Wallonie-Bruxelles, Service général des Lettres et du Livre.